Simplicity

So machen Sie es Ihren Kunden
einfach und haben Spaß dabei!

Michael Frei

Danke an meine wundervolle Frau Claudia dafür, dass sie mich bei allen meinen Vorhaben untersützt, auch dabei wenn es mir in den Kopf schießt ein Buch zu Schreiben.

Danke an meine beiden tollen Kinder Sophie Elisabeth und Maximilian Constantin dafür, dass Sie mir immer wieder ein Lächeln ins Gesicht zaubern.

INHALT

WAS WISSEN WIR WIRKLICH?

Science is the belief in the ignorance of experts
Richard Feynman

Wissenschaft ist der Glaube an die Ignoranz von Experten – diesem vielleicht etwas widersinnig klingenden Zitat von Richard Feynman schließt sich der Grundgedanke dieses Buches an. Oder um es positiver zu formulieren: Um erfolgreiches Marketing zu betreiben, müssen Sie die grundlegenden Probleme und Wünsche Ihrer Kunden verstehen. Die Lösung ist dabei oft sehr einfach und naheliegend, doch das Expertenwissen, das im Bereich Marketing kursiert, versperrt uns nicht selten den Blick auf diese einfachen Lösungsansätze.

Um diesen Gedanken zu erläutern, möchte ich Ihnen zu Beginn eine kleine Geschichte erzählen. Sie verdeutlicht, dass Menschen oft in komplexen Denksystemen gefangen sind und dabei einfache Lösungen übersehen.

Im Laufe des Zweiten Weltkrieges schickte die britische Luftwaffe „Royal Airforce" fast täglich Fliegerstaffeln über den Ärmelkanal in Richtung Kontinentaleuropa. Trotz der exzellenten britischen Pilotenausbildung waren die Verluste sehr hoch. Die Briten waren auf dem besten Weg, den Kampf um die Lufthoheit in Europa zu verlieren.

Um die Verluste einzugrenzen und die Überlebenswahrscheinlichkeit der Piloten zu steigern, wurden britische Ingenieure damit beauftragt, die Panzerung der Flugzeuge zu verbessern. Dafür wurden alle zurückkehrenden Flugzeuge auf ihre Einschusslöcher untersucht. Aufbauend auf den Ergebnissen dieser Untersuchungen wurde ein Profil der Flugzeuge erstellt und die am öftesten von feindlichem Feuer getroffenen Stellen gekennzeichnet. Auf diese Stellen konzentrierten sich die folgenden Schutzmaßnahmen. Die besten Ingenieure der Alliierten entwickelten immer stärker werdende Panzerungen, um zu gewährleisten, dass die Stellen, die scheinbar die Schwachstellen der Flugzeuge darstellten, optimal geschützt wurden.

Doch trotz all dieser Bemühungen konnten die Verluste der britischen Luftwaffe nicht verringert werden.

Denken Sie einen Augenblick darüber nach, was geschehen sein könnte. Welchen Fehler haben die Ingenieure – alles Experten ihres Fachs – begangen? Wie hätten Sie dieses Problem gelöst?

Sie werden jetzt womöglich sagen, dass Sie schließlich kein Ingenieur sind und sich mit Panzerungen von Kampfflugzeugen nicht auskennen. Doch tatsächlich braucht es kein Expertenwissen, um der Lösung auf die Spur zu kommen. Vielmehr braucht es einfachen, gesunden Menschenverstand.

Zurück zur Geschichte: Selbstverständlich haben sich auch

die alliierten Ingenieure dieselben Fragen gestellt. Die Antwort, die sie darauf fanden, war pragmatisch. Sie kamen zu dem Schluss, dass das Problem am höheren Gewicht der stärkeren Panzerung und der daraus resultierenden schlechteren Manövrierbarkeit der Maschinen lag. Eine Lösung des Problems - und damit das Retten von hunderten Pilotenleben - war in weite Ferne gerückt. Noch mehr Panzerung an den stark getroffenen Stellen führte zu noch höheren Abschussraten. Die Piloten waren den gegnerischen Flak-Geschützen immer noch ausgeliefert – konnten durch die schwerere Panzerung nun auch noch umso schlechter ausweichen.

Doch dann meldete sich ein jüdisch stämmiger Mathematiker aus Siebenbürgen zu Wort. Adam Wald war 1938 nach der Machtergreifung der Nationalsozialisten in Österreich aus seiner Wahlheimat Wien geflohen und mittlerweile in Manhattan tätig. Wald hatte eine einfache Antwort auf die komplexe Frage zur besseren Panzerung: Man sollte nicht die Stellen stärker schützen, an denen Einschusslöcher vorhanden waren, sondern jene Stellen, an denen keine Einschusslöcher vorhanden waren. Das klingt verrückt, doch die Erklärung dieses Vorschlags ist simpel und logisch.

Die Ingenieure hatten einen entscheidenden Fehler ganz zu Beginn ihrer Untersuchungen gemacht: Sie hatten die Flugzeuge untersucht, die mit Einschlusslöchern in Ihre Hangars zurückgekehrt sind. Doch allein die Tatsache, dass sie nicht abgestürzt waren und es in die Hangars zurückgeschafft hatten, bewies doch, dass die getroffenen Stellen nicht entscheidend für den Weiterflug waren – eigentlich logisch, oder? Daraus kann geschlossen werden, dass Flugzeuge, die an anderen Stellen getroffen wurden, nicht mehr in der Lage waren, den Rückflug anzutreten. Der Fehler der Ingenieure lag folglich auf der Hand: Sie hatten die weniger kritischen Stellen noch stärker geschützt, die gefährlichen Schwachstellen jedoch nach wie vor völlig ungeschützt gelassen. blieben jedoch weiter in ihrer ursprünglichen Form bestehen.

Nachdem diese bisher unberücksichtigten Schwachstellen der Flugzeuge stärker gepanzert wurden, erhöhte sich die Überlebensquote der Piloten erheblich. Die Royal Airforce konnte damit ihre Luftwaffe für den Krieg entscheidend stärken.

Hätten Sie dieses Problem gelöst oder wären Sie wie die alliierten Ingenieure in die sogenannte „Survivorship bias" getappt? Damit sind Sie nicht allein! Die meisten Menschen treffen scheinbar pragmatische Entscheidungen, vergessen dabei jedoch mit dem nötigen gesunden Menschenverstand über die Faktoren, die sie in Ihre Entscheidungsfindung mit einfließen lassen, nachzudenken und damit oft einfache Lösungen auf komplex anmutende Probleme zu finden.

Bevor Sie also komplexe Lösungen kreieren, sollten Sie sich immer zunächst vergewissern, dass die Fragestellung die

Richtige ist. Auf einfache Probleme werden viel zu oft komplizierte Antworten gesucht, die schlichtweg übers Ziel hinausschießen und das Thema verfehlen.

Diesen Trend beobachten wir ganz besonders auch im Marketingbereich. Früher war Werbung einfach, die Unternehmen hatten begrenzte Mittel, um Produkte und Dienstleistungen zu bewerben. Im digitalen Zeitalter gibt es eine hingegen eine unendliche Vielzahl an Möglichkeiten. Die scheinbare Einfachheit, die dem Online-Marketing innewohnt, blendet. Wir sehen alle die erfolgreichen Online-Kampagnen, welche Unternehmen aus dem Nichts bekannt gemacht haben. Wir hören von den Stars des digitalen Marketings und glauben, es sei einfacher denn je, Erfolg zu haben, indem die richtigen Knöpfe gedrückt werden. Doch wir vergessen, die Faktoren zu berücksichtigen, die wir NICHT sehen. Das bedeutet, nur wenige kennen die Millionenausgaben, die jeden Monat für Kampagnen ausgegeben wurden, die keinen Erfolg hatten. Oft wurden dafür vorher ausgedehnte IT-Infrastrukturen aufgebaut, Prozesse definiert und Monate an Planungszeit investiert. Das alles für nichts.

Fazit: Wir dürfen uns nicht darauf verlassen, was wir sehen. Wir müssen vielmehr das, was wir sehen, mit dem vergleichen, was wir nicht sehen. Halten Sie sich immer im Bewusstsein, dass auf jede erfolgreiche Produkteinführung auch mindestens drei gescheiterte kommen. Denken Sie immer daran: Im Marketing und im Vertrieb hat jede erfolgreiche Kampagne, die Sie wahrnehmen, wahrscheinlich mehr als 10 Kampagnen in Ihrem Kopf verdrängt, die erfolglos waren!

Lernen Sie aus den Fehlern der Vergessenen und Übersehenen und vertrauen Sie auf ein erfolgversprechendes Konzept, das auf Einfachheit statt auf Komplexität setzt. In diesem Buch erfahren Sie, wie Sie in Zukunft Fehler vermeiden und effizienter bei Produkteinführungen und Kampagnenausarbeitungen vorgehen können. Startinvestitionen müssen klein gehalten werden, Produkteinführungsprozesse flexibel. Dabei gilt: Alles sollte so schnell wie möglich am Markt getestet werden, ohne intern im Unternehmen zu viele Aufwände zu generieren.

Ich wünsche Ihnen genauso viel Spaß beim Lesen, wie ich beim Schreiben hatte!

KAPITEL 1: AUFMERKSAMKEIT IST WERTVOLLER ALS DIAMANTEN

Vereinfacht lässt sich sagen, dass der Erfolg einer Marketingkampagne sich daran misst, wie sehr es gelingt, die Aufmerksamkeit der potenziellen Kunden zu erlangen. Ein Produkt, eine Dienstleistung oder ein Angebot können noch so gut sein, wenn niemand darauf aufmerksam wird, ist der Misserfolg vorprogrammiert. Wie viele gute Ideen sind vielleicht schon im Sande verlaufen, weil das dazugehörige Marketing es nicht geschafft hat, Aufmerksamkeit zu generieren? Im Marketing gilt also: Erfolg basiert auf Aufmerksamkeit.

Darin liegt jedoch ein Problem. Es ist in der heutigen Zeit schwer geworden, die Aufmerksamkeit der Menschen zu bekommen. Die meisten sind gestresst vom Alltag. Durch die verschiedenen Medien und digitalen Möglichkeiten prasseln jeden Tag von allen Seiten Informationen auf uns ein. Während früher Zeitung und Fernsehen die einzigen Medien waren, auf die sich Verbraucher fokussierten, fällt es inmitten der aktuellen Medienflut schwer, wesentliche Informationen zu filtern. Dafür entwickeln wir Automatismen.

Eines dieser Automatismen ist die Vereinfachung der Informationen. Wir können und wollen es uns nicht leisten, uns in komplizierten Sachverhalten zu verlieren. Vielmehr möchten wir die für uns relevanten Informationen einfach zugänglich „serviert"bekommen. Alles, was auf den ersten

Blick zu kompliziert und zu zeitaufwändig erscheint, wird beiseitegelegt. Diesen Effekt beobachten wir täglich bei Mailingaktionen. Bekommen wir eine E-Mail, entscheidet bereits der Betreff darüber, ob die Mail ungelesen im Papierkorb landet oder geöffnet wird. Der Betreff muss aussagekräftig und zielgerichtet sein. Auch der Mailinhalt selbst funktioniert nur, wenn uns die dort bereitgestellten Informationen zügig erreichen. Lange, verschachtelte Sätze, Ausschweifungen und generell zu viel Text signalisieren uns, dass wir mit dieser Mail mehr Zeitaufwand haben, als wir investieren möchten. Wir schließen die Mail wieder, bevor wir sie auch nur annähernd zu Ende gelesen haben.

Dieser Mechanismus schützt uns vor der täglichen Informationsflut. Es ist ein wichtiger Mechanismus, um uns vor zu großer psychischer Belastung zu bewahren. Doch diese Mauer muss von einem erfolgreichen Marketing zwangsläufig durchbrochen werden. Daher muss der Weg der Einfachheit gegangen werden. So haben sich immer mehr simple Lösungen durchgesetzt, weil sie dazu geeignet sind, den automatischen Filter, der die Menschen vor unnötiger psychischer Belastung schützt, zu durchdringen. Nur unkomplizierte Lösungen gewinnen Aufmerksamkeit.

Mensch oder Goldfisch – wer ist aufmerksamer?

Es kursiert die Behauptung, dass Menschen eine Aufmerksamkeitsspanne haben, die geringer sei als die eines Goldfisches. Diese Mär basiert auf einer Studie, welche 2015 von Microsoft veröffentlicht wurde und in der Marketing-Welt ordentlich für Furore gesorgt hat. Die Quintessenz, die aus der Studie gezogen wurde, war die deutliche Aussage, dass wir mit einer Aufmerksamkeitsspanne von 8 Sekunden unter der eines Goldfisches operieren und Marketinginhalte daher kurz und knackig sein sollten, damit wir sie in dieser kurzen Spanne auch verarbeiten können.

Vergessen Sie das soeben Gelesene, bei der Behauptung handelt es sich tatsächlich nur um eine Mär. Zwar hat es die Studie im Jahr 2015 von Microsoft gegeben, doch wurden hierbei weder die unterschiedlichen Arten von Aufmerksamkeitsspannen als solches untersucht, noch wurden irgendwelche Vergleiche zu Goldfischen gezogen.

Microsoft beschäftigte sich in seiner Studie damit, wie der Mensch mit der täglichen Informationsflut umgeht. Dabei taucht im Rahmen der Studie eine Infografik zu verschiedenen Aufmerksamkeitsspannen auf, die auf eine externe Quelle verweist. Hierbei handelt es sich um Statistic Brain. Allerdings verweist diese Quelle wiederum auf eine deutsche Studie aus dem Jahr 2008, welche sich mit der Internetnutzung und Aufmerksamkeitsspannen beschäftigt. Die Zahlen, die im Rahmen der Microsoft-Studie erwähnt werden, sind hier jedoch nicht beinhaltet. Ebenso wenig ist klar, welche Aufmerksamkeitsspanne Goldfische haben. Zu diesem Thema gibt es lediglich eine australische Studie, die sich mit dem Erinnerungsvermögen von Goldfischen beschäftigt. Mit der Aufmerksamkeitsspanne hat dies nichts zu tun. Es ist in diesem Fall, wie es so oft mit Gerüchten ist: Ein wahrer Kern wird mit vielen haltlosen Informationen aufgebauscht und in die Welt gesetzt, wo sich die Geschichte – solange sie nur spektakulär genug ist – sich über Jahre hält.

Was können wir also mit der von Microsoft durchgeführten Studie anfangen? Tatsächlich ist sie für modernes Marketing von großem Wert, denn sie zeigt, dass wir Menschen uns den aktuellen digitalen Informationsfluten angepasst haben, indem unsere MultitaskingFùfähigkeiten ausgeweitet wurden und wir effizientere Mechanismen entwickelt haben, um für uns relevante Informationen herauszufiltern. Alles andere wurde in Windeseile dazu gedichtet, und weil der Vergleich mit einem Goldfisch, bei dem der Mensch auch noch schlechter abschneidet, so spektakulär ist, hat sich das Gerücht bis heute hartnäckig gehalten.

Wir wissen, dass die menschliche Konzentrationsfähigkeit deutlich höher ist als die von Fischen. Wir haben lediglich Mechanismen entwickelt, um uns auf Wesentliches zu fokussieren, was eine stetige Weiterentwicklung unseres Wahrnehmungsvermögens und unserer Aufnahmefähigkeit bedeutet.

Nun dürfen Werbetreibende nicht den Fehler begehen zu

glauben, die zu beobachtende nachlassende Geduld gegenüber neuen Informationen verlange es, ausschließlich kurzen Content zu erzeugen. Kurzer Content kann uninteressant und ohne jeglichen Mehrwert sein. Vielmehr gilt es, als interessant wahrgenommen zu werden. Erfolgreiches Marketing zielt darauf ab, mit unterschiedlich langen Inhalten die Aufmerksamkeit der Konsumenten zu erlangen.

Der potenzielle Kunde filtert Informationen stärker als früher und konzentriert sich dabei auf Relevantes – diese Erkenntnis stellt auch die Basis für den Erfolg von Google dar. Der vorhergehende Marktführer unter den Suchmaschinen Altavista war in seiner Logik kompliziert. Je umfangreicher das Internet wurde, umso mehr erschlug Altavista seine User mit Informationen und ermüdete sie. Google hingegen wurde als die simpelste Weblösung konzipiert, die möglich war, und schaffte damit den großen Durchbruch. In kürzester Zeit gelang es Google nicht nur, Altavista abzulösen, sondern zum führenden Suchanbieter und mittlerweile zum erfolgreichsten Internetkonzern zu werden.

Was machte Google so besonders? In einer Zeit, in der das Internet quasi explodierte und man die Möglichkeiten des HTML und Java Flashs bis ins Letzte austestete, präsentierte sich Google auf das Wesentlichste reduziert: Auf der Homepage fanden User auf weißem Grund lediglich das Logo und ein Suchfeld. Das war gewagt in einem Zeitalter, in dem jedes Unternehmen glaubte, es müsse sich im Netz noch attraktiver, noch verrückter und noch technischer präsentieren. Doch Google traf damit den Nerv der Zeit mehr als alle anderen. Es waren nun schließlich nicht mehr nur die „Techies", die das Internet nutzten, es war mittlerweile Jedermann, vom Schüler bis zum Rentner. Und nicht jeder hatte eine so ausgeweitete Internetverbindung, als dass die aufwändig programmierten Seiten immer zuverlässig hätten geladen werden können. Google hingegen funktionierte bei jedem und ließ keine Fragen darüber offen, wie es zu nutzen sei. Schließlich gab es nur das eine Suchfeld.

Dieses Prinzip des Simplicity hat sich Google bis heute bewahrt. Die Homepage ist immer noch so schlank wie eh und je, obwohl die Features stetig erweitert werden. Auch in seiner Funktionsweise setzt Google immer noch darauf, den Usern alle Informationen so einfach wie möglich zur Verfügung zu stellen.

Simplicity in der Telekommunikation

Nicht nur im Internet entstand der Bedarf nach vereinfachten Konzepten. Auch in der Telefonie zeigte sich eine ähnliche Tendenz. Die ersten Handys ermöglichten zwar eine mobile Telefonie, waren in der Anwendung jedoch recht kompliziert. Vielleicht erinnern Sie sich an die famosen „M-Tasten". Um verschiedene Befehle auszuführen, musste mit Rauten und Sternchen gearbeitet werden, dabei waren einzelne Tasten mit verschiedenen Funktionen belegt. Viele Handynutzer führten die Gebrauchsanweisung zu ihrem Mobiltelefon stets bei sich, um sich im Notfall auch wirklich mit dem Gerät zurechtzufinden. In dieser Phase wurde Nokia bahnbrechend: Die mobile Telefonie wurde durch visuelle Menüs vereinfacht, und mit einem Mal konnte nahezu jeder die Geräte und die zugehörigen Features bedienen. Damit wurde das Handy zum Massenphänomen. Mit der Einführung des iPhones als cleveres und visuell einfach zu steuerndes Smartphone hat Apple im Jahr 2006 den Markt nochmals revolutioniert.

Simplicity ist auch eines der Erfolgsgeheimnisse von Apple. Das Prinzip der Einfachheit wird in allen Unternehmensbereichen durchgesetzt. Apple-Geräte und Programme basieren darauf, einfach, schlicht und selbsterklärend zu sein. Wenn etwas mit einem Button zu belegen ist, braucht es keinen zweiten. Visuelle Effekte vereinfachen die Bedienung. Es stellt sich jeden Tag die Frage: Was ist essenziell? Ist es nicht essenziell, kann darauf verzichtet werden. Alles Überflüssige einfach wegzulassen bedeutet zwangsläufig, sich auf das Wesentliche zu konzentrieren. Für den Bereich Marketing ist dieses Prinzip letztendlich der Schlüssel zum Erfolg.

Learning aus Kapitel 1: Der Mensch filtert Informationen, da er täglich von einer Vielzahl von Werbebotschaften erschlagen wird. Alles was für den Kunden nicht essenziell ist, wird als uninteressant eingestuft und übersehen. Um erfolgreich zu sein, müssen Sie sich aufs Wesentliche konzentrieren!

KAPITEL 2: FAKE IT TILL YOU MAKE IT!

Kreativität scheitert nicht selten an der Technik. Was für den Kunden einfach ist, bedarf entsprechender technischer Lösungen. Um also einfache Produkte in der digitalen Welt zu erzeugen, führt der Weg immer auch über eine IT-Abteilung oder einen externen Dienstleister.

In vielen Unternehmen liegt hier das Problem, denn in der IT-Abteilungen wird meist in Prozessen gedacht. Geplante Vereinfachungen werden sofort in Manntagen berechnet, die es braucht, um die Anforderungen umzusetzen. Idealerweise soll sofort die bestmögliche Lösung eingesetzt werden, die alle Eventualitäten beinhaltet.

Diese Vorgehensweise ist hinsichtlich der Kostenkalkulation und Prozessoptimierung sinnvoll, hemmt jedoch jegliche Innovation. Wer von den Marketern unter Ihnen kennt es nicht? Sie haben eine tolle Produktidee und präsentieren diesen vollen Enthusiasmus in einer Projektgruppe. Doch was folgt, ist Ernüchterung, denn unmittelbar folgen die Einwände hinsichtlich der Umsetzung Ihrer Idee. Sie sei langwierig, man müsse die technischen Aspekte berücksichtigen, das sei im jeweiligen Buchhaltungsprogramm nicht abzubilden, oder es sei nicht mit dem ESP-System kompatibel. Nicht selten lautet das Fazit: Der Aufwand steht in keiner Relation zum Gewinn.

Lassen Sie mich ehrlich sein und Ihnen sagen: Das alles ist Schwachsinn! Die beschriebene Herangehensweise ist komplett veraltet und steht der Entwicklung im Wege. Sie ist Grund dafür, dass viele Unternehmen den Markt-Anschluss verpassen. Wer erfolgreich sein will muss investieren und besser sein als seine Mitbewerber, sonst kommt irgendwann jemand der mutiger ist als Sie und schnappt sich Ihre Kunden.

Innovation wagen!

Erfolgreiche Unternehmen wie Google und Apple haben eines gemeinsam: Sie waren zur richtigen Zeit mutig genug, etwas zu wagen und Produkte auf den Markt zu bringen, für die sie keinerlei Garantie hatten. Das bedeutet: Ein modernes Unternehmen muss Produkte und Dienstleistungen ausprobieren! Warum stellen Sie sämtliche Für und Wider zu einem neuen Produkt, dass es so noch nicht gibt, in den Vordergrund, statt es einfach zu verkaufen, um zu testen wie die Kunden reagieren? Wenn Ihr Buchhaltungsprogramm dieses Produkt beispielsweise noch nicht abbilden kann, verschwenden Sie keine Energie in die technische Umrüstung, sondern wickeln Sie in der Testphase alle Bestellungen einfach manuell ab!

Unorthodoxe Wege zu gehen ist immer noch besser, als eine Idee nicht umzusetzen, weil die konservativen Wege dafür noch nicht bereitet sind. Im Vordergrund sollte immer stehen, dass wir bei unseren Versuchen verstehen, ob ein Produkt oder eine Dienstleistung überhaupt funktioniert. Tut es das, haben Sie alle Argumente in der Hand, um unternehmensintern auch in den Abteilungen IT und Buchhaltung die Weichen zu stellen.

Beispiele erfolgreicher, jedoch höchst simpler Produkte

Manchmal reicht eine geniale Idee mit einer simplen Umsetzung aus, um weltweiten Erfolg zu haben. Einige Produkte, die heute für jedermann selbstverständlich geworden sind, sind ideale Beispiele für das Minimal-Prinzip.

Airbnb

Während einer weltweiten Konferenz in San Francisco im Oktober 2007 überlegten sich zwei junge Männer, ihren Wohnraum zu vermieten und damit weitere Unterkünfte in der völlig überbuchten Stadt anbieten und gleichzeitig selbst aus vorhandenen Räumlichkeiten einen kleinen Gewinn generieren zu können. Die Idee war schnell und einfach umgesetzt. Sie setzten Bilder und Objektdaten auf eine ganz einfach konstruierte Webseite – und hatten in kürzester Zeit mehrere zahlende Kunden an der Hand. Im zweiten Jahr waren bereits 10.000 zahlende Kunden registriert. Das Prinzip breitete sich schnell aus, die Webseite Airbnb schoss mit unzähligen Angeboten weltweiter Unterkünfte wie eine Rakete in den Himmel. Im Jahr 2017 generierte das Unternehmen bereits 2,6 Milliarden Dollar und es waren über 4 Millionen Übernachtungsmöglichkeiten gelistet. Entwicklungskosten, Kosten für Marketing, IT oder Buchhaltung waren in der Anfangsphase gleich Null. Die Webseite war nicht mehr als eine Idee und ein Versuch der Umsetzung, richtig Geld wurde erst investiert nachdem die ersten 10.000 Kunden gewonnen waren und das Geschäftsmodell den Härtetest bestanden hat.

Dropbox

Im Jahr 2007 entschloss sich Drew Housten, über eine Möglichkeit nachzudenken, mit der größere Dateien via Internet leicht geteilt werden können. Bis dahin geschah dies entweder über E-Mails, was regelmäßig das Problem größerer Datenmengen mit sich zog, oder manuell, indem USB-Sticks und dergleichen postalisch versandt werden mussten. Das wiederum bedeutete einen großen Zeitverlust. Dies war die Geburtsstunde von Dropbox. Die Idee war ganz einfach: Man stelle Kunden einen Server zur Verfügung, auf dem er Dateien hochladen, teilen und herunterladen kann. Diese Computer Plattform war an sich so genial, dass die Entwickler keine Zeit damit vergeuden wollten, einen kostenaufwändigen und komplizierten Service zu konstruieren, bei dem für die Kunden diese Dateien hochgeladen werden, dessen Umsetzung Monate in Anspruch genommen hätte und am Ende vielleicht umsonst gewesen wäre. Schließlich wusste niemand zu diesem Zeitpunkt, ob die Dropbox überhaupt angenommen werden würde. Stattdessen fand die Markteinführung in Form eines simplen Videos dar, welches auf der Webseite platziert wurde und potenziellen Kunden einfach erklärte, wie die Dropbox zu verwenden sei. Interessierte Kunden konnten aufbauend auf dem Video den Server von Dropbox in Do-it-Yourself-Manier nutzen. Wir wissen alle, dass dies ein voller Erfolg wurde.

Im Jahr 2017 wurde mit Dropbox erstmals ein Umsatz von

über einer Milliarde Dollar registriert.

Uber

Im Jahr 2010 entwickelten Garret Camp und Travis Kalanick eine Taxi-App. Die Idee: Menschen sollten hier die Möglichkeit haben, sich innerhalb San Franciscos schnell und unkompliziert über ihr iPhone mit im Umkreis befindlichen Taxifahrern zu verbinden und so ein Taxi zu ordern. Außerdem sollte die App die Möglichkeit bieten, eine bequeme Kreditkartenzahlung abzuwickeln. Geboren war Uber – einfach und ohne weitere Funktionen, die höheren Entwicklungsaufwand und damit auch höhere finanzielle Investitionen bedeutet hätten. Nichtsdestotrotz entwickelte sich Uber zu einem Erfolgsmodell. Während die App Kreise zog und immer populärer wurde, blieb dem Startup-Unternehmen genügend Zeit, parallel dazu Kundenbedürfnisse aufzunehmen und die App stetig um weitere Funktionen zu erweitern. Im Jahr 2017 betrug der Jahresumsatz rund 36 Milliarden Dollar – und das auf Basis einer einfachen und simpel umgesetzten Geschäftsidee.

Das Erfolgsprinzip der Minimum Viable Products

Das beschriebene Prinzip einer einfachen Idee, die so schnell wie möglich am Markt getestet wird, nennt sich Minimum Viable Products und funktioniert wie folgt:

Stellen Sie sich eine Versicherung vor, die eine Tagesversicherung für Ski-Ausrüstung anzubieten gedenkt. Sie ist sich jedoch nicht sicher, ob dieses neue Produkt von den Skifahrern angenommen wird. Dieses Modell in langen Projektprozessen auszuarbeiten, IT und Buchhaltung darauf auszurichten, Tagesverträge abzuwickeln und auch entsprechend Personal dafür einzuplanen könnte sich als zeit- und kostenaufwändiges Projekt herausstellen, das ein kleines wirtschaftliches Desaster bedeutet.

Also entschließen sich die Verantwortlichen zu einer simpleren Vorgehensweise: Sie bauen an einer Ski-Piste in Kitzbühel einen kleinen Stand auf und verkaufen diese Versicherung ganz einfach, ohne eine Refinanzierung oder Ähnliches dafür aufzunehmen. Sie legen die vor Ort eingezahlte Versicherungsprämie in eine Kasse, aus der jegliche Schäden bar beglichen werden. Die ausgezahlten Beträge werden einfach intern als Ausgaben für Forschung und Entwicklung verbucht. Damit testet die Versicherung die Reaktionen der Kunden aus. Wenn genügend Menschen dieses neue Produkt nutzen, wird das Projekt weiterverfolgt. IN dieser Testphase werden auch Feedbacks und Erfahrungen gesammelt und ausgewertet. Zu diesem Zeitpunkt ist noch keine IT-Lösung oder Ähnliches involviert. Erst, wenn sich das Testprojekt am Markt erfolgreich etabliert, wird die dazu passende Infrastruktur aufgebaut – dann aber mit einer klaren Vorstellung vom Erfolg des Produktes.

Solche Lösungen werden als MVP (Minimum Viable Product) bezeichnet. Es handelt sich dabei um einfache Produkte, die noch nicht vollständig ausgereift und in allen Bereichen entsprechend umgesetzt sind. Solche MVP eignen sich besonders für Start-Ups, die noch keine komplette Infrastruktur haben und auch noch sehr begrenzte finanzielle Mittel. Ein anderer, häufig verwendeter Begriff ist SLC. Dieser steht für „simple, lovable, complete". Hierbei handelt es sich um Produkte, die in ihrer Funktionalität komplettiert, für den Kunden vollumfänglich nutzbar und auch beliebt sind, jedoch gleichzeitig im Unternehmen simpel und schnell umgesetzt werden konnten. Diese sind somit ideal für große Unternehmen, die keine Imageschäden durch unvollständig ausgearbeitete Produkte riskieren dürfen, aber trotzdem mit ihrem Produkt schnell auf dem Markt sein müssen.

Ein Vorteil der simplen Produkteinführung ist also offensichtlich: Sie bietet die Möglichkeit, ein neues Produkt ohne großen Aufwand und ohne riskante finanzielle Investitionen direkt am Markt zu testen und das individuelle Potenzial zu erkennen. Durch den realen Gebrauch der Kunden gewinnt das Unternehmen wichtige Erfahrungen und kann die Weiterentwicklung des Produkts entsprechend gestalten. Doch es gibt einen noch viel wichtigeren Grund für die schlanke Produkteinführung: Sie bietet eine hervorragende Möglichkeit, Technologie im Zuge der steigenden Globalisierung effizienter und schneller umzusetzen.

Die neuen digitalen Technologien haben den Weltmarkt verändert, die großen Technologie-Zentren in den USA, Japan und China sind näher aneinandergerückt. Immer mehr rückt der Name „Alibaba" in das Bewusstsein. Der Name der Märchenfigur aus 1001 Nacht, der mit einer Zauberformel der Zugang zu einem schier undurchdringbaren Bergmassiv gelang, steht heute bezeichnend für chinesische Ökosysteme. Schnelligkeit und Investitionskraft sind in dieser neuen Welt unverzichtbar geworden. Das betrifft selbst kleinste Produkte. Mobile Endgeräte wie Tablets oder Smartphones erhalten permanent Schnittstellen zu neuen technischen Angeboten. Monatelange Entwicklungen und Anpassungen kann sich dabei kein Unternehmen mehr leisten, das am Markt bestehen will.

Das MVP ist also für den Markterfolg die Lösung auf bestehende Probleme:

• MVP ermöglicht eine schnelle Markteinführung. Technologie-Hochburgen wie Silicon Valley und Shenzhen geben den Takt vor. Wer mithalten will, muss wohl oder übel mit dem rasanten Tempo Schritt halten und in der Lage sein, neue Produkte in kürzester Zeit auf den Markt zu bringen.

• Vernetzung ist wichtiger denn je. Durch die Digitalisierung muss quasi jedes Produkt zu allen verwendeten Technologien sinnvolle und funktionierende Schnittstellen haben. Da die modernen Technologien jedoch sehr komplex sind und sich zudem stetig verändern, können Produkte kaum mehr theoretisch geplant werden. MVP ermöglicht es den Unternehmen, durch den praktischen Gebrauch der Produkte dazuzulernen und das Produkt parallel weiterzuentwickeln und zu optimieren.

• MVP verspricht eine größere Kundennähe. Diese ist wichtiger denn je, denn es gibt so viele Unternehmen und Produkte, die um die gleichen Kunden werben, dass es zunehmend schwerer wird, sich inmitten der wachsenden Konkurrenz zu behaupten. Der unmittelbare Kontakt zu den Kunden und die Möglichkeit, deren Feedback zeitnah auszuwerten und für die Produktgestaltung zu nutzen, ist äußerst wertvoll.

Learning aus Kapitel 2: Ein Produkt muss so schnell und so unkompliziert wie möglich am Markt getestet werden. Dafür muss es nur auf Kundenseite vollständig erscheinen. Auf Seiten des Unternehmens kann die Abwicklung manuell und unausgereift sein – so lange, bis der tatsächliche Kundennutzen klar ist und das Produkt erfolgreich am Markt getestet wurde.

KAPITEL 3: LÖSEN SIE DIE PROBLEME IHRER KUNDEN UND IHRE PROBLEME SIND GELÖST!

Jedes erfolgreiche Produkt und jede Dienstleistung, die am Markt Erfolg hat, löst ein Problem – ausnahmslos. Das klingt vielleicht zunächst unglaubwürdig, doch im Grunde trifft es diese Vereinfachung genau. Nur sind sich Kunden und oft leider auch Dienstleister dessen nicht unbedingt bewusst.

Viele Unternehmen begehen den Fehler, dass sie Energie und Aufwand in die Gestaltung neuer Produkte und Dienstleistungen investieren. Diese stehen im Mittelpunkt ihrer Überlegungen. Sie fragen sich also permanent: Was wird auf dem Markt angenommen? Was verkauft sich? Womit kann ich erfolgreich sein?

Im Rahmen der Produktentwicklungen rücken Aspekte wie Features, Preise und Lieferzeiten so sehr in den Fokus, dass die Bedürfnisse der Kunden vernachlässigt werden.

Dies ist jedoch eine falsche Herangehensweise. Tatsächlich haben die Menschen den größten Erfolg mit Ihren Produkten und Dienstleistungen, deren erste Überlegung ist: Wie kann ich das Problem meiner Kunden lösen?

Wie die Fokussierung auf die Probleme der Kunden ein Erfolgsmodell werden kann, zeigt sich sehr deutlich am Beispiel eines Unternehmens, dass aus der konservativen Branche der Baumaschinenherstellung kommt.

Putzmeister

Das Unternehmen Putzmeister ist ein seit längerem auf dem Markt positionierter Hersteller von Baumaschinen. Als das Geschäft zu stagnieren beginnt, geht das Unternehmen neue Wege. Statt wie die meisten Konkurrenten neue

Produkte zu entwickeln oder Produktionskosten zu senken, holt sich Putzmeister eine Beratungsfirma ins Boot. Diese ist darauf spezialisiert, etablierten Betrieben Methoden nahezubringen, welche sich für Start Ups bewährt haben. Ein wichtiger Grundsatz ist, von grundlegenden Problemstellungen der Kunden auszugehen, statt wie bisher neue technische Möglichkeiten und Verbesserungen zu erörtern.

In der so genannten Empathiephase werden vermeintlich „dumme Fragen" gestellt. Dabei versucht sich das Team, aus der Position der Fachleute, die bereits tief im eigentlichen Thema sind, herauszubewegen und einfache Fragen zu stellen, die sich für jemanden ergeben, der kein Experte ist. Viele Unternehmen vergessen nämlich, dass ihre Kunden sich oftmals mit den Produkten nicht auskennen, dass sie nicht vom Fach sind und einfach nur funktionierende Lösungen brauchen. In diese Sichtweise gilt es, sich in der Empathiephase hineinzufühlen.

Im Falle von Putzmeister stellte sich so heraus, dass die vom Unternehmen produzierten Maschinen nicht unbedingt optimiert werden mussten. Vielmehr hatten die Kunden – Bauunternehmen und selbstständige Bauarbeiter – ein ganz anderes Problem: den Transport. Die Maschinen wurden auf Anhängern zu den jeweiligen Baustellen gefahren. Das verursachte hohe Kosten und bedeutete auch einen großen Zeitaufwand, weil mit den Anhängern nicht schnell gefahren werden konnte. Putzmeister fand eine einfache Lösung für das Problem: Das Unternehmen betrat ein völlig neues Geschäftsfeld und begann, über ein Online-Portal, entsprechende Baumaschinen vor Ort zu vermieten. Dies entpuppte sich als Erfolgsrezept. Indem Putzmeister also die Problemstellung des Kunden erkannt und ernst genommen hatte, hatte sich ein neues Geschäftsfeld ergeben, das dem Unternehmen neuen Erfolg bescherte.

Putzmeister hat exemplarisch damit begonnen, sich auf die Kundenbedürfnisse und die auf Kundenseite bestehenden Probleme wie Bedienung, Lieferung, Verfügbarkeit und Personaleinsatz zu fokussieren. Damit wurde ein neuer Markt erschlossen, die digitale Plattform PumpNow und Mietmeinestrich haben sich als neues Geschäftsmodell etabliert und sind erfolgreich.

Dieses Beispiel zeigt deutlich, dass auch bereits etablierte Unternehmen wie Startups denken sollten. Indem es ihnen gelingt, die Probleme ihrer Kunden zu lösen, werden selbst alteingesessene Firmen zu innovativen Playern.

Wenn Sie einen Blick auf die erfolgreichen Unternehmen der Geschichte werfen, stellen Sie schnell fest, dass dies keineswegs eine neue Erkenntnis ist. Nur sind solche Entwicklungen meist unbeabsichtigt und fast unbemerkt vollzogen worden. Die größten Global Player haben in einem frühen Stadium ihrer Unternehmensgeschichte häufig mit ganz anderen Produkten und Dienstleistungen begonnen und waren damit mäßig erfolgreich. Häufig setzte der große Durchbruch erst mit einer Veränderung des Geschäftsmodells ein.

Netflix

Ein weiteres hervorragendes Beispiel für diese These bietet das Unternehmen Netflix. Der Firmengründer Reed Hastings sah sich als Videotheken-Kunde vor ein Problem gestellt. Für jeden Film zur Videothek fahren zu müssen, war zeitaufwändig und nervig. Nicht nur zum Ausleihen musste er diese Anfahrt in Kauf nehmen, sondern natürlich auch für die Rückgabe der Filme. Als er schließlich einmal eine Strafgebühr wegen verspäteter Rückgabe zahlen musste, überlegte er sich, wie er dieses Problem lösen konnte. Schließlich erging es allen Videotheken-Kunden so wie ihm. Die Fokussierung auf dieses grundlegende Kundenbedürfnis führte Ende der 90er Jahre zur Gründung seines innovativen Videoverleihs. Den Kunden wurden nun sämtliche Filme bequem per Post nach Hause geschickt. Für verspätete Rücksendungen erhob Netflix auch keine Strafgebühren. Das Bedürfnis der Kunden stand weiterhin im Mittelpunkt des Geschäftsinteresses. Dieses neue Geschäftsmodell wurde zum Erfolg.

Hastings verstand es weiterhin, für die Problemstellungen und Bedürfnisse der Kunden offen zu bleiben. Nachdem Netflix bereits als Videoverleih am Markt etabliert war, wurde Hastings frühzeitig auf die neuen Technologien der Streaming Dienste aufmerksam. Wieder verstand er, dass es den Kunden in erster Linie darum gehen musste, bequem und unkompliziert auf Blockbuster zugreifen zu können. Je kurzfristiger dies möglich war, umso besser. Hier bot ein Streaming On Demand Dienst ganz neue Möglichkeiten der Spontanität. Der Rest ist Geschichte. Netflix ist heute erfolgreichster Streaming Dienst, die Aktienkurse gehen durch die Decke, das Unternehmen ist an der Börse mittlerweile rund 200 Milliarden Dollar (Stand Juni 2020) wert.

Mogelunterwäsche und Gehaltsoffenbarungen

Mit den einfachsten Dingen lässt sich Erfolg produzieren. Denn auch die simpelsten Alltagsfragen stellen den Otto-Normalverbraucher vor Probleme, die gelöst werden wollen. Nehmen wir einmal die Erfolgsmarke Spanx. Auch dieses Unternehmen entstand aus einer Problemsituation heraus. Sara Blakely, Gründerin von Spanx, stellte eines Tages fest, dass ihre neue weiße Hose trotz schlanker Figur unvorteilhaft an ihr aussah, weil sich der Slip unangenehm durch den dünnen weißen Stoff abzeichnete. Schnell fand sie die Lösung für dieses Problem, das Millionen Frauen kennen: Sie schnitt die Beine einer Nylonstrumpfhose ab und zog diese unter die Hose. Der Effekt: Nicht nur zeichnete sich kein Slip mehr ab, sondern das straffe Mieder der Strumpfhose sorgte dafür, dass sich Blakely viel schlanker und selbst straffer fühlte. Eine Idee war geboren, die Jungunternehmerin spezialisierte sich auf Miederwäsche, die die Figur formte, ein paar Kilos wegschummelte und gleichzeitig aber ansprechend und modisch aussah. Sarah Blakely ist heute jüngste Self-Made-Milliardärin der Welt, weil sie mit ihrem Produkt das Problem vieler Frauen weltweit löste.

Genauso erfolgreich, wenn auch aus ganz anderen Gründen, ist das Unternehmen Glassdoor. Jahrzehntelang war es in den Vereinigten Staaten verpönt, über das Gehalt zu sprechen. Mitarbeiter hatten ihren Lohn vertraulich zu behandeln, niemand wagte, darüber öffentlich zu sprechen. Dies führte jedoch zu einer großen Geheimniskrämerei und natürlich auch zu Ungerechtigkeiten. Niemand wusste, ob das eigene Gehalt fair verhandelt worden war und ob andere Mitarbeiter in vergleichbaren Positionen ähnlich verdienten. Dieses Problem wollte der Gründer von Glassdoor beheben, indem er eine Online Plattform kreierte, auf der Angestellte verschiedener Unternehmen anonym Angaben über ihr Gehalt machen und gleichzeitig den Arbeitgeber bewerten konnten. Das System funktionierte. Anonym beteiligten sich Millionen Menschen an den Umfragen und gestalteten damit eine Plattform, die für jeden Bewerber Gehalt und Leistungen eines Betriebs offenlegt. Der Markt war definitiv da. Arbeitgeber wiederum standen damit vor dem Problem, auf die Bewertung Angesteller und ehemaliger Mitarbeiter angewiesen zu sein, ohne sich selbst portraitieren zu können. Auch hierfür fand Glassdoor eine Lösung: Arbeitgeber haben nunmehr die Möglichkeit, gegen Gebühr das eigene Unternehmen zu präsentieren. Probleme auf dem Arbeitsmarkt wurden gelöst, viele profitieren, und das Unternehmen Glassdoor wird zum Erfolgsmodell.

Die Liste könnte beliebig fortgesetzt werden. Jedes erfolgreiche Unternehmen löst Probleme. Das schließt diejenigen, die bereits im vorangegangenen Kapitel erwähnt wurden, mit ein. Google hat erkannt, dass Kunden Probleme damit hatten, sich im World Wide Web zurechtzufinden und suchte hier nach einfachen Recherchemöglichkeiten. Dropbox hat das Problem gelöst, dass viele Nutzer Dateien mit mehreren Menschen gleichzeitig teilen und gemeinsam daran arbeiten wollten, aber die bestehenden Distributionskanäle nicht geeignet waren. Statt eine Datei per E-Mail zu verschicken, alle Modifizierungen/Bearbeitungen manuell hinzuzufügen und das Dokument wieder via E-Mail allen Beteiligten zugänglich zu machen, war nicht mehr zeitgemäß und ineffizient. Die

Dropbox stellte damit eine dringend benötigte Problemlösung dar.

Die doppelte Problemlösung führt zum unaufhaltsamen Wachstum der Sharing Economy

Probleme lösen allein stellt bereits einen wesentlichen Erfolgsfaktor dar. Unaufhaltsam wird dieser Erfolg, wenn eine Gruppe von Menschen zusammenfinden, deren Probleme beidseitig durch das Teilen einer Dienstleistung gelöst werden. Dieses Prinzip der doppelten Problemlösung, also eine Lösung, die für zwei unterschiedliche Parteien von Interesse ist, nennt sich Sharing Economy. Im Grunde handelt es sich hierbei um ein wirtschaftliches Geben und Nehmen.

Uber

Dieses Prinzip veranschaulicht sich besonders gut durch das Beispiel Uber. Hier wurde einerseits das Problem jener Menschen gelöst, die schnell von A nach B kommen mussten und dafür nicht bereit waren, sich jedes Mal um ein Taxi zu bemühen und die verhältnismäßig hohen Preise zu zahlen. Gleichzeitig löst Uber das Problem jener Menschen, die ein Auto haben und sich gerne etwas dazu verdienen möchten. Durch Skaleneffekte gilt: Je mehr Fahrgäste diesen Dienst in Anspruch nehmen, umso mehr Fahrer beteiligen sich am Pool, da sich das Prinzip zu einem Erfolgskonzept entwickelt. Entsprechend höher wird die geographische Abdeckung. Durch diese Ausweitung des Angebots sinken auch die Transaktionskosten und damit die Preise. Es werden also mehrere Probleme gleichzeitig gelöst.

AirBnB

Ähnliches gilt für AirBnB. Hier haben wir einerseits Menschen, die Miete, Darlehensraten oder im Fall von bereits abbezahlten Wohnungen die Opportunitätskosten für das Heim bezahlen müssen, auch wenn sie sich im Ausland aufhalten. Durch die zeitweise Vermietung der Wohnung bei Abwesenheit bzw. der Vermietung eines leerstehenden Zimmers wird dieses Problem gelöst. Gleichzeitig löst sich auch die bestehende Problematik jener Menschen, die eine fremde Stadt besuchen möchten, aber kein Hotelzimmer finden bzw. in den Genuss eines preislichen Vorteils aus der kurzzeitigen Anmietung einer Privatwohnung kommen möchten.

Beide Beispiele zeigen: Die gesamte Sharing Economy ist auf dem einfachen Prinzip aufgebaut, dass gleichzeitig zwei Probleme gelöst werden, das Problem des Teilenden (Fahrer oder Vermieter) und des Teilhabenden (Mitfahrer oder Mieter).

Neue Märkte online erschließen

Der Schlüssel zur Sharing Economy ist das Internet. Hier werden im Gegensatz zu vergangenen Jahrzehnten völlig neue Vermarktungsplattformen realisiert. Gerade die Beispiele Airbnb und Uber zeigen, dass das World Wide Web in Verbindung mit intelligenten Softwarelösungen neue Märkte schaffen kann. So gab es zwar bereits in den 90er Jahren Mitfahr- oder Mitwohnzentralen, jedoch konnten sich diese aufgrund hoher Transaktionskosten bzw. fehlender Skaleneffekte ohne das verbindende Medium Internet nicht durchsetzen.

Es ist also wichtig, am Puls der Zeit zu bleiben und aktuelle technische Möglichkeiten für den Unternehmenserfolg zu nutzen, auch wenn immer wieder Stimmen laut werden, die die Vermarktungsoption Internet als nachteilig für den Wettbewerb ansehen. So versuchen Regulierungsbehörden derzeit zwar, gegen diese Skalenökonomien anzugehen bzw. sie einzugrenzen, jedoch wird sich dieser Kampf langfristig als erfolglos erweisen, da bereits etablierte Anbieter (in den vorherigen Beispielen Hotels oder Taxifahrer) geschützt werden müssen. Vereinfacht gesagt: Die Lösung von Problemen wird sich langfristig immer durchsetzen.

Kritiker weisen immer wieder darauf hin, dass das Prinzip Sharing Economy die Gefahr mit sich bringt, dass einige professionelle Anbieter versuchen könnten geltende Gesetze und Auflagen zu umgehen. Das ist zweifelsohne der Fall, doch solche Tendenzen gibt es in allen Bereichen des täglichen Lebens, und zwar immer dann, wenn es sich lohnt. Dies ist kein neues Phänomen von Sharing Economy und der Online-Welt. Dieses Problem zu lösen, liegt an den

Regulierungsbehörden, denn warum sollten diese sich nicht auch in Problemlösungskompetenz üben?

Learning aus Kapitel 3: Fokussieren Sie sich nicht auf neue Produkte und Dienstleistungen, sondern finden Sie heraus, welche Probleme Ihre Kunden haben. Diese gilt es zu lösen. Segmentieren Sie den Markt nach Art und Größe der Problemstellung, denn nur, wenn eine ausreichende Anzahl an Menschen dasselbe Problem haben, rechnet sich der Markteintritt. Lösen Sie das Problem Ihrer Kunden auf einfache und effiziente Weise. Schaffen Sie mit Ihrer Lösung auf keinen Fall neue Probleme für den Kunden!

KAPITEL 4 – INNOVATION UND SIMPLE PROBLEMLÖSUNG: KLINGT EINFACH, IST ABER SCHWER!

Die Probleme Ihrer Kunden schnell und einfach identifizieren und lösen – das klingt nach einem simplen Vorgehen. Warum sollte Ihr Erfolg also nicht ganz leicht zu erzielen sein? In Wahrheit sollten Sie die Schwierigkeiten, die sich Ihnen bei der Umsetzung Ihrer Geschäftsidee in den Weg stellen, jedoch nicht unterschätzen. Viel zu oft versperren uns Innovationshemmnisse den Weg.

Innovationshemmnis 1: Das Tagesgeschäft

Sind wir bereits mit einem Produkt oder einer Dienstleistung auf dem Markt, nimmt das Tagesgeschäft den kompletten Raum ein. Im Gegensatz zu einem Start Up haben wir keine Zeit, uns um Innovationen zu kümmern. Zumindest scheint es so.

Das Tagesgeschäft hindert uns daran, neue Ideen weiterzuentwickeln und ungewöhnliche Wege zu gehen. Die Gründe dafür sind vielseitig.

Zum einen fokussieren wir uns in der Regel auf kurzfristige Lösungen. Der Betrieb will ständig, einen Tag um den anderen, am Laufen gehalten werden. Da bleiben keine Zeit und erst recht keine Kapazität für langfristige Planungen. Ideen, die länger reifen und ausgearbeitet werden müssen, verschlingen zu viel Kapazität, um weiter verfolgt zu werden.

Gleichzeitig ist uns daran gelegen, unser Daily Business, auf das wir bereits spezialisiert sind und mit dem wir uns auf dem Markt etablieren konnten, zu pflegen. Investitionen in neue Geschäftsbereiche bergen die Gefahr, bestehende

Produkte und Dienstleistungen zu untergraben. Wir fürchten also eine „Kannibalisierung"unseres aktuellen Geschäftsmodells.

Hinzu kommt, dass bestehende Unternehmen bereits feste Strukturen und Hierarchien haben. Jeder Mitarbeiter hat den ihm zugewiesenen Aufgabenbereich. Innovation fällt in der Regel nicht in irgendjemandes Aufgabenbereich – und bleibt daher oft auf der Strecke, frei nach dem Motto: „Ist nicht mein Job, da muss sich jemand anderes drum kümmern."

Wir sind stetig darum bemüht, unsere Produktivität zu steigern, noch effizienter, noch kosteneffektiver, noch gewinnbringender zu arbeiten. In einem bereits existierenden Business hemmt dies jedoch die mögliche Innovation enorm. Unsere permanente Effizienzsteigerung führt dazu, dass einfach keine freie Zeit bleibt, um neue Ideen zu verfolgen. Darüber hinaus gilt es täglich, Kosten und Risiken zu minimieren. Verantwortliche in Führungspositionen sind in der Regel eher darauf fokussiert, Schwachstellen einer Neuentwicklung zu identifizieren, als mögliche Potenziale zu erkennen und herauszuarbeiten. Wir lernen meist, Gefahren auszuloten und Risikomanagement zu betreiben. Aber niemand wird darin geschult, Innovationen voranzutreiben. Aus diesem Grund sind viele Unternehmen eingefahren und bewerten neue Optionen durch eine interne Brille, statt damit zu beginnen, Bedürfnisse und Probleme aus der Sicht des Kunden zu betrachten.

Zu guter Letzt scheitert die Innovation nicht selten daran, dass es in einem Betrieb keine geeigneten Prozesse gibt, um neue Ideen weiterzuverfolgen.

Innovationshemmnis 2: Falsche Glaubenssätze

Sie haben Sie Folgendes nicht schon selbst erlebt: Eine innovative Idee oder ein Verbesserungsvorschlag wird präsentiert mit der Hoffnung, man möge darüber diskutieren und den Vorschlag annehmen und umsetzen – und stattdessen wird die neue Idee direkt abgeblockt. Sie erhalten womöglich nicht einmal die Chance, Ausführungen zu machen oder Ihre Idee genauer zu erläutern. Es wird nicht einmal darüber diskutiert und Möglichkeiten abgewogen, stattdessen warten andere Beteiligte mit den stets gleichen Phrasen auf. Wir bezeichnen diese Phrasen als Innovationskillersätze – Sätze, die jeden neuen Anfang, jede Innovation bereits im Keim ersticken. Es scheint schwierig, dem zu trotzen und dennoch eine Innovation auf den Weg zu bringen, denn die Killersätze haben allesamt die Eigenschaft, eine Ausschließlichkeit jeder Neuerung zu beinhalten.

Trösten Sie sich, es gibt kaum ein Unternehmen, in dem diese Sätze nicht fallen. Doch es gibt Strategien, Ihnen entsprechend zu begegnen. Wenn Sie bei Ihren Bemühungen um Innovation und Fortschritt einen der folgenden 10 Innovationskiller-Sätze hören, sollten Sie aufmerksam werden und diesen destruktiven Ansatz sofort unterbinden.

1. Wir haben das aber schon immer so gemacht.

Hierbei handelt es sich um den Innovations-Killer schlechthin. Ein Unternehmen, das weiterhin alles so macht, wie es „das schon immer gemacht hat" ist zum nahen Scheitern verurteilt. Bedenken Sie immerhin, dass seit dem Jahr 2000 – also in weniger als zehn Jahren – rund die Hälfte der so genannten Fortune 500 Companies von der Bildfläche verschwunden sind.

Die Fortune 500 Companies sind Unternehmen, die auf der jährlich herausgegebenen Liste des amerikanischen Fortune Magazines. Es handelt sich demnach um die 500 größten US-Konzerne gemessen an ihren Gesamteinnahmen für das jeweilige Geschäftsjahr. Man könnte also davon ausgehen, dass der Erfolg dieser Unternehmen auch für die kommenden Jahrzehnte gesichert ist. Doch diese Sicherheit ist erfahrungsgemäß trügerisch. Wurde im Jahr 1958 diesen Unternehmen eine Lebenszeit von 61 Jahren prophezeit, so überleben die modernen Fortune 500 Companies heute schätzungsweise nur 16 Jahre – ein erschreckend kurzer Zeitraum. Und mehr noch: Gemäß einer Schätzung von Wissenschaftlern der renommierten MIT Universität werden sogar 40% der Fortune-500s die nächsten 10 Jahre nicht überstehen.

Sie sehen also, dass das Prinzip, alles so zu machen, wie man es immer gemacht hat, nicht sonderlich erfolgsversprechend ist. Wer nicht bereit ist, Innovationen zuzulassen und in die stetige Weiterentwicklung zu investieren, ist den Herausforderungen einer sich ständig weiter entwickelnden Gesellschaft und eines sich selbst stetig neu erfindenden Marktes aller Wahrscheinlichkeit nach nicht gewachsen.

2. Das funktioniert nie im Leben.

Es gibt immer Pessimisten, die davon ausgehen zu wissen, dass eine Innovation, eine Idee nicht funktionieren wird. Der Haken dabei ist jedoch: Ob etwas funktioniert oder nicht, wissen Sie immer erst, wenn Sie es versucht oder zumindest genauer analysiert haben.

Das bedeutet natürlich nicht, dass man naiv und unvorbereitet jede neue Idee verfolgen muss. Natürlich besteht die Gefahr Gelder in den Sand zu setzen und dadurch noch mehr Misserfolg zu produzieren. Jede Innovation bzw. jede neue Idee sollte jedoch eingehend geprüft werden. Es ist wichtig, im Team eine Analyse durchzuführen und die Idee von verschiedenen Gesichtspunkten aus zu betrachten. Es ist hierbei auch völlig normal, dass sich zunächst interessante Ideen als nicht umsetzbar oder nicht praktikabel erweisen. Doch zumindest sollten Sie jeder Idee eine Chance geben.

Mögliche Innovationen gleich von der Hand zu weisen ist destruktiv und erstickt möglicherweise gute Ansätze. Sehen Sie auch die Ideenfindung und die folgende Analyse als Lernprozess. Es kann durchaus sein, dass eine vorgeschlagene Innovation auf den zweiten Blick nicht perfekt ist, dass sich hieraus jedoch neue Ansätze und Ideen entwickeln. Eine negative Herangehensweise jedoch beraubt Sie dieser Möglichkeit und führt unweigerlich dazu, dass Sie als Unternehmen auf der Stelle treten. Das mag für den Augenblick noch funktionieren, doch wollen Sie auch über die nächsten Jahre hinaus auf dem Markt präsent bleiben und womöglich weiterwachsen, müssen Raum und

Mut für Innovationen bleiben.

3. Das ist die naivste Idee, die ich je gehört habe.

Gerade alteingesessene Unternehmensmitglieder begegnen neuen Ansätzen häufig mit einem solch abwertenden Urteil, das auf dem eigenen, vielleicht festgefahrenen Meinungsbild basiert. Doch so etwas ist eine Hemmnis für jede Weiterentwicklung. Vielleicht haben Sie schon einmal den Begriff der Disruption gehört. Er beschreibt einen Prozess, bei dem ein bestimmtes auf dem Markt etabliertes Geschäftsmodell von etwas völlig Neuem abgelöst wird. Das geschieht immer wieder. Disruption ist DAS Erfolgsrezept der ganz großen Unternehmen. Als Unternehmer können Sie entweder Antriebsfeder eines solchen Prozesses sein, oder ihn zumindest frühzeitig erkennen und sich auf den sich verändernden Markt einstellen. – Oder aber, Sie verkennen die Bedeutung der sich ankündigenden Innovation und beharren auf Ihrer Meinung, dass so etwas nie funktioniere. Dann wird der Zeitpunkt kommen, an dem Sie den Anschluss verpasst haben. Diese bittere Erfahrung haben zahlreiche Unternehmen in der Geschichte machen müssen.

Disruption entsteht gerade dadurch, dass Dinge neu gedacht werden. Es muss neue Ansichten geben, die vielleicht in erster Linie naiv oder nicht umsetzbar klingen. Bedenken Sie jedoch, dass oftmals genau solche Ideen sehr simpel gedacht sind. Damit schließt sich der Kreis: Wie Sie bereits erfahren haben, ist Simplicity der Weg zum Erfolg. Das bedeutet also, genau solche Ideen sind unendlich wertvoll.

Eine Einzelmeinung basiert stets auf einen beschränkten Erfahrungsschatz. Irrtümer sind durchaus möglich. Nur weil einer, oder eine kleine Gruppe etwas für nicht realisierbar hält, heißt das nicht, dass es nicht dennoch eine bahnbrechende Idee sein kann. Deshalb verdient jede vorgeschlagene Innovation zumindest eine nähere Betrachtung.

4. Dafür bin ich nicht zuständig.

Auch das ist ein Klassiker unter den Innovationskiller-Sätzen. Vielen Menschen fehlt der Mut, sich an etwas Neuem auszuprobieren. Vielleicht steckt auch Bequemlichkeit dahinter. Was für sie bislang funktioniert hat, kann weiterfunktionieren. Es gibt Menschen, die bewegen sich lieber jahrelang auf sicherem Terrain, bevor sie irgendein Wagnis eingehen und etwas Neues ausprobieren. Dies zeigt sich häufig bereits bei der Gestaltung des eigenen Berufsweges. Sie kennen sicher diesen Typus, der Jahrzehntelang auf ein und demselben Posten bleibt und sich scheut, neue Herausforderungen anzunehmen. Sicherheit und Vertrautheit gehen vor Weiterentwicklung und Aufstieg. Das kann durchaus eine solide Vorgehensweise sein, kann jedoch auch dazu führen, dass diese Menschen sich irgendwann an einem Punkt befinden, an dem sie den möglichen Absprung verpasst haben und als letzte auf einem sinkenden Schiff verbleiben. Erfolgreiche Menschen, die Karriere machen, wagen etwas, bewegen sich aus ihrer Komfortzone heraus und übernehmen auch neue Aufgabenfelder.

Geht es nun um den Erfolg eines gesamten Unternehmens, so können Personen, die die eigene Zuständigkeit streng definieren, echte Innovationskiller sein. Um eine innovative Idee weiterzuführen, ist jede Meinung wichtig. Dabei müssen Zuständigkeiten variabel sein. Hierzu gehört Mut. Auch die Frage der Kompetenzen muss stetig aufs Neue gestellt werden. Der Impuls, Verantwortung und Mehraufwand von sich zu schieben und mögliches „Kompetenzgerangel" mit anderen zu vermeiden mag auf den ersten Blick die bequemere Lösung sein. Langfristig führt eine solche Haltung jedoch zu Unzufriedenheit und Lähmung.

Das klingt für Sie sicher einleuchtend. Doch denken Sie einmal darüber nach, wie häufig es vorkommt, dass in einem Unternehmen neue Ideen am Konferenztisch sterben. Weil auf konkrete Fragen der Umsetzung Menschen nicht reagieren oder antworten, das wäre eher eine Sache des Marketings, das müsse in einem anderen Gremium besprochen werden oder das wäre ein eher technischer Aspekt, für den jemand aus der kaufmännischen Sparte sich nicht verantwortlich sähe. Auf konkrete Vorschläge folgen demnach wage Ausflüchte. Ein „Ich bin nicht zuständig" zieht immer nach sich, dass niemand wirklich zuständig ist, dass Innovationen im Raum hängen, die von niemandem wirklich aufgegriffen werden. Umgesetzt und weiter vorangetrieben wird nur das, auf das jemand konkret mit „ich kümmere mich darum" oder „ich übernehme das" reagiert.

5. Das kriegen Sie sowieso beim Chef nicht durch.

Auch hierbei handelt es sich um ein mehr als

pessimistischen Ansatz. „sowieso nicht" sollte generell nicht zu Ihrem Wortschatz gehören. Auch hier stellt sich die Frage: Woher wollen Sie das so genau wissen, wenn Sie es nicht versucht haben? Sind Sie von Ihrer eigenen Idee so wenig überzeugt?

Solche negativen Glaubenssätze verhindern Innovation. Oder um es bewusst positiver auszudrücken: In der Geschichte haben sich immer die Ideen durchgesetzt, die sich vehement gegen bestehende Meinungen durchgesetzt haben. Die größten Erfindungen und Neuerungen wurden anfangs belächelt oder sogar vernichtend bewertet. Doch wenn eine Idee gut ist, dann muss sie in jedem Fall verteidigt werden.

Daran muss jedes Team gemeinschaftlich arbeiten. Sowohl auf Führungsebene als auch auf Mitarbeiterebene müssen die Weichen hierfür gestellt werden. Das bedeutet, Mitarbeiter dürfen keine Angst haben, neue Ideen einzubringen und zu präsentieren. Vorgesetzte und Entscheider wiederum dürfen diese Ideen nicht mit negativen Glaubenssätzen im Keim ersticken, sondern auch mal nach dem Try-and-Error Prinzip arbeiten. Konkret heißt das: Nicht jede Idee ist gut, Menschen, die sich in einer Führungsposition befinden, haben häufig ein sehr hohes Knowhow und einen großen Erfahrungsschatz. Es kann also durchaus sein, dass ein Vorgesetzter bereits bei der Präsentation einer Idee merkt, dass diese erhebliche Mängel hat und nicht umsetzbar ist. Doch es ist destruktiv, einem Mitarbeiter deutlich zu machen, dass seine Idee einfach nicht gut war. Vielmehr sollte ein guter Vorgesetzter seinem Mitarbeiter signalisieren, dass er die Bemühungen um Innovation grundsätzlich als positive Eigenschaft betrachtet. Scheuen Sie sich nicht, einen Mitarbeiter auch für weniger gute Ideen zu loben, weil er sich Gedanken gemacht hat und weil er den Mut hatte, neue Denkansätze zu verfolgen. Nehmen Sie Vorschläge ernst und analysieren Sie sie. Jeder noch so schlechte Vorschlag kann gute Ansätze beinhalten, die wiederum zu einer guten Idee führen. In einem Unternehmen, in dem Mitarbeiter ernst genommen werden und in dem sie neue Ideen formulieren dürfen, besteht grundsätzlich ein guter Nährboden für Innovation.

Nur da, wo Führungskräfte und Mitarbeiter im stetigen Dialog bleiben und Raum für neue Ideen besteht, kann langfristig etwas umgesetzt werden.

6. Ich weiß nicht, wie das gehen sollte.

Bei diesem Innovationskiller-Satz wird vorweggegriffen. Es geht gar nicht mehr unbedingt darum, ob eine Idee an sich gut ist, sondern es wird gleich das ganze Konzept in Frage gestellt, nur weil die Ansprechpartner zum gegenwärtigen Zeitpunkt noch nicht wissen, WIE eine Umsetzung erfolgen kann. Sollte jedoch nicht das OB vor dem WIE hinterfragt werden? Eine Idee sollte daher immer daraufhin geprüft werden, wie erfolgsversprechend sie ist. Dies setzt voraus, dass sie umgesetzt werden kann. Wird eine Idee für gut befunden, so müssen ganz einfach die Möglichkeiten für die Umsetzung geschaffen werden.

Statt „Ich weiß nicht, wie das gehen sollte" sollten Beteiligten also besser den Satz formulieren „Wir sollten herausfinden, wie wir diese Idee umsetzen können!"

Problemlösungskompetenz ist heute gefragter denn je. Es reicht nicht, auf althergebrachtem Kenntnisstand zu verweilen. Wer erfolgreich sein will, muss neue Wege beschreiten. Und wer etwas nicht kann, der muss es entweder lernen oder Experten zu Rate ziehen, die bei der Umsetzung unterstützend wirken. Ebenso besteht in der heutigen Zeit immer die Möglichkeit, im Netz nach Lösungswegen zu recherchieren, Fortbildungsmaßnahmen in Anspruch zu nehmen usw. Kurz gesagt: Es gibt unzählige Möglichkeiten, das eigene Knowhow zu erweitern und Ideen umsetzbar zu machen. suchen - es gibt so viele Möglichkeiten. Die richtige Frage ist hier also: Wie können wir das schnellstmöglich umsetzen? Alles andere sind Hemmnisse, Ausflüchte, um keine unbequemen Wagnisse einzugehen.

7. Das können wir IT-technisch/buchhalterisch/regulatorisch nicht abbilden/umsetzen.

An dieser Stelle muss man sich immer fragen, inwieweit derjenige, der diesen Innovationskiller-Satz ausspricht, wirklich bereits daran denkt, ob die Innovation in anderen Abteilungen umgesetzt und abgebildet werden kann. Wie wir bereits festgestellt haben, darf es auf dem Weg zum Erfolg und erst recht nicht bei der Einführung einer innovativen Idee keine Inflexibilität geben. Im Grunde bedeuten solche Killersätze nichts als Ausflüchte. Ehrlicher wäre es wohl zu sagen: „Ich will das nicht." Denn möglich sollte es sein, dass eine neue Idee in allen Abteilungen abgebildet werden kann. Provokant ausgedrückt: Gerade in der heutigen Zeit können Sie alles umsetzen, wenn Sie nur wollen. Es gibt zahlreiche Lösungsansätze – sowohl buchhalterisch als auch auf Seiten der IT. Hier braucht es jedoch das Commitment aller Stakeholder - also all derjenigen, welche am Innovationsprozess beteiligt sind.

Seien Sie auf allen Unternehmensebenen positiv: Probleme sind da, um gelöst zu werden. Wenn es bislang noch keine Ansätze gibt, an denen Sie sich orientieren können, wenn also kein anderes Unternehmen vor Ihnen diesen Weg beschritten hat, ist dies ein umso motivierenderes Zeichen. Denn dies bedeutet, Sie haben die einzigartige Möglichkeit, als „Early Bird" im Markt durchzustarten und sich vor allen anderen einen großen Marktanteil zu sichern.

8. Man sieht, dass Sie noch nicht lange hier arbeiten, bei uns geht das nicht.

Was hier herausklingt, ist Frustration. Der jeweilige Mitarbeiter hat innerlich bereits abgeschlossen, dem Unternehmen insgeheim bereits die Kündigung ausgesprochen. Da ist kein Wille mehr spürbar, etwas zu bewegen, Ideen umzusetzen und den Unternehmenserfolg voranzutreiben. Lassen Sie sich davon nicht beirren. Wer so denkt, kann niemals langfristig erfolgreich sein. Denken Sie daran: Es gibt kein Unternehmen, in dem Innovation nicht möglich ist. In jedem Umfeld kann Innovation gedeihen, es muss nur forciert und vorangetrieben werden. Dazu braucht es motivierte Macher, Ideengeber und ein starkes Netzwerk innerhalb der Innovatoren im Unternehmen. Lassen Sie sich von den „Bremsern" nicht demotivieren.

Bremser lassen sich vielleicht nicht unbedingt dazu motivieren, einer Innovation zu folgen, eigene Ideen einzubringen und sich an die Umsetzung zu machen. Aber in der Regel sind Bremser auch bequem. Sie boykottieren nicht, sondern neigen dazu, sich zurückzulehnen und darauf zu warten, dass Sie scheitern. Es gilt also, sich nicht entmutigen zu lassen, sondern solchen Innovationskillern zu begegnen, indem Sie sagen: „Lassen Sie mich Ihnen beweisen, dass es auch hier in diesem Unternehmen umsetzbar ist."

9. Unsere Kunden orientieren sich aber rein am Preis.

Gleich zwei Denkfehler verbergen sich in diesem Innovationskillersatz. Zum einen glauben die Demotivierer, die Wünsche der Kunden genau zu kennen, weil sich die bisherigen Strategien bereits seit Jahren halten. Doch der Anspruch der Menschen kann sich zwischenzeitlich gewandelt haben. Der Markt entwickelt sich und mit ihm die Konsumenten, die Ansprechpartner für das eigene Produkt sind. Woher wollen Sie so genau wissen, was Ihre Kunden erwarten, und was nicht?

Zum zweiten ist die Niedrigpreis-Strategie immer ein riskantes Prinzip. Schließlich wird es immer jemanden geben, der Ihr Produkt oder Ihre Dienstleistung noch günstiger anbieten kann. Das bedeutet, eine konsequente Niedrigpreis-Strategie macht jedes Unternehmen angreifbar, da der einzige Wettbewerbsvorteil leicht kopierbar und überbietbar ist. Ein Mitbewerber mit höherem Budget oder aggressivem Vertrieb ist jederzeit imstande, das eigene Geschäftsmodell anzugreifen. Was langfristig zum Erfolg führt, ist ein Alleinstellungsmerkmal, etwas, das nur Sie dem Kunden bieten können. Was Ihre Kunden wirklich bindet ist der Mehrwert, den sie durch Sie haben. Und hier schließt sich wieder der Kreis. Ein Alleinstellungsmerkmal, ein Mehrwert – all das erfordert Innovation, denn der Markt entwickelt sich schnell, und der Platzhirsch von heute kann morgen bereits einer von vielen sein, der bereits dem Ende entgegensieht.

10. Warum sollte ich das Machen - wenn es schief geht, werde ich dafür zur Verantwortung gezogen, wenn es gut geht, heimsen andere die Lorbeeren ein.

In einem Unternehmen, in dem die Innovationskiller so argumentieren, liegt grundsätzlich etwas im Argen. Nur ein funktionierendes Team kann erfolgreich sein. Nur in einem Unternehmen mit einer gesunden Unternehmenskultur ist Innovation möglich. Sollten Ihnen die Bremser also mit derlei Argumenten kommen, müssen Sie dringend gegensteuern. Hier ist also die Umsetzung der Idee nicht der nächste Schritt, sondern ein gesundes Umfeld für Innovation zu schaffen. Fragen Sie sich, weshalb die Mitarbeiter in Ihrem Unternehmen so wenig Vertrauen zueinander haben, weshalb sie sich mit den Ideen nicht identifizieren, weshalb sie nicht im Team denken.

Wichtig ist, im Unternehmen ein positives Umfeld zu schaffen. Sorgen Sie für eine offene und vertrauensvolle Kommunikation. Honorieren Sie die Leistungen der Mitarbeiter und sorgen Sie auch für den nötigen Benefit der Angestellten. Veranstaltungen und gemeinsame Events fördern die Mitarbeitermotivation. Zudem gibt es Team Building Maßnahmen, die Spaß machen und durchaus einen positiven Effekt auf den Zusammenhalt haben. Wichtig ist es auch, so genannte Failures zu honorieren, da aus Misserfolgen ebenfalls Innovation entsteht. Lassen Sie alle Mitarbeiter spüren, dass es sich lohnt, neue Ideen zu entwickeln und weiter voranzutreiben. Sorgen Sie dafür, dass sich Mitarbeiter geschätzt und ernst genommen und im Team angenommen fühlen. Dann sollten derlei Killersätze nicht fallen.

Wie können Sie den Innovationskillersätzen entgehen?

Um eine geeignete Strategie zu finden, um die genannten Innovationshemmnisse zu überwinden, bietet es sich an, einen genaueren Blick auf die Unternehmenskultur besonders innovationsfreudiger Unternehmen zu werfen.

Wodurch unterscheiden sich innovative Unternehmen von anderen? Zusammengefasst lässt sich feststellen:

In innovationsfreudigen Unternehmen

- können neue Denkansätze und innovative Ideen ungehindert geäußert und innerhalb des Unternehmens weitergetragen werden. Es gibt auf keiner Ebene Blockaden, Bremser oder Demotivierer.
- wird die Abwendung von Althergebrachtem und der Abriss bestehender Strukturen als Chance angesehen, von der alle profitieren können.
- werden sowohl Erfolg als auch Misserfolg honoriert. Beides gehört zum Innovationsprozess.
- gibt es Führungskräfte, die innovatives Denken fördern und ihre Mitarbeiter ermutigen,

ungewöhnliche Wege zu gehen. Hier finden sich keine Führungskräfte, die sich stur an starre Bürokratie klammern.

- finden sich im gesamten Unternehmen kreative Köpfe, die stetig darüber nachdenken, wie etwas anders, besser und neuartig umgesetzt werden kann.
- werden neue Ideen anerkannt und befürwortet.
- sagt niemand „Das geht nicht", sondern „Wie kriegen wir das hin?"
- ist allen Mitarbeitern bewusst, dass Innovation nur möglich ist, wenn an Ideen gearbeitet wird, die das Unternehmen besser und erfolgreicher machen. Der Unternehmenserfolg, die Innovation und die ständige Weiterentwicklung sind ein gemeinsames Ziel.
- gehört der Begriff „Innovation" zu nahezu jeder Stellenbeschreibung. Das heißt, jeder ist zuständig und mehr noch: Jeder ist verantwortlich. Die Mitarbeiter dieser Unternehmen erhalten einen jährlichen Bonus, der auf Zielvereinbarungen basiert, die auch das Erreichen innovativer Ziele beinhalten.

Leider ist es noch nicht allen Unternehmen bewusst, doch Innovation sollte in jedem Unternehmen ein Kernanliegen sein. Gelingt es ihnen nicht, Innovation eine übergeordnete Bedeutung in den eigenen Unternehmenszielen einzuräumen, werden sie nicht lange auf dem Markt Bestand haben.

Denn wieder heißt das Schlüsselwort Simplicity. Heutzutage wollen Kunden auf der ganzen Welt Einfachheit. Die Welt ist komplex und kompliziert geworden, umso mehr schätzen es Menschen, von Produkten und Dienstleistungen zu profitieren, die ihnen das Leben einfacher machen. Doch dazu braucht es Innovationen. Jede Innovation lässt bisher geltende Strategien „alt aussehen". Daher ist es wichtig, dass Sie am Ball bleiben und nach dem Simplicity-Prinzip weiter nach neuen Ideen forschen.

Learning aus Kapitel 4: Innovation kann nur dann passieren, wenn man sich nicht von Steinen die einem in den Weg gelegt warden aus der Ruhe bringen lässt sondern beharrlich auf sein Ziel hinarbeitet. Jeder von uns – egal in welcher Ebene er Arbeitet – muss sich stets selbst hinterfragen um nicht zum Innovationshemer zu warden.

KAPITEL 5: GAMIFICATION: WARUM SIMPLICITY SPASS MACHEN MUSS!

Wie wir also festgestellt haben, wollen Kunden für ihre bestehenden Problemstellungen möglichst einfache Lösungen. Doch das ist nur ein Teil der Herausforderung, der wir uns als innovative Unternehmen stellen müssen. Gleichzeitig ist nämlich auch der Wunsch nach Unterhaltung in den letzten Jahren stetig gewachsen. Wem es gelingt, Kunden nicht nur einfache Lösungen anzubieten, sondern sie auch zu unterhalten, ist in der Königsklasse der Kundenkommunikation angekommen.

Der Begriff Gamification beinhaltet das englische Wort für Spiel – game. Dahinter verbirgt sich eine interessante Strategie. Hierbei werden Elemente aus der Spielewelt (sowohl von klassischen Brettspielen, als auch von modernen Online-Games) in eigene Anwendungen, Apps, auf Webseiten und Nutzeroberflächen ein. Damit werden notwendige Erklärungen vereinfacht. Die visuelle Darstellung kann von den Kunden besser aufgenommen werden. Gleichzeitig wird die Interaktion mit den Kunden ermöglicht. Es entsteht der so genannte Wiederspielwert. Dieser Begriff stammt ebenfalls aus der Spielewelt und besagt nichts anderes, als dass es Kunden bei der Anwendung der genannten Produkte nicht langweilig wird, sondern sie auch nach mehrmaliger Verwendung Spaß haben. Gelingt dies, so stellt sich der Wiedernutzungseffekt ein. Kunden werden regelmäßig die unternehmenseigenen Kommunikationskanäle nutzen und bleiben so mit Ihnen im Kontakt.

Diese recht komplex klingende Strategie lässt sich anhand

eines Beispiels verdeutlichen. Wieder einmal sei das Erfolgsunternehmen Google hier genannt. 1998 wurde die Google-Startseite mit dem so genannten Doodle ergänzt. Das Google Logo erscheint dabei je nach aktuellem Anlass in unterschiedlichen Designs. Ein Klick auf das jeweils tagesaktuelle Doodle führt den User zu den zugehörigen Hintergrundinformationen. Rein theoretisch und für die Anwendung der Suchmaschine hat dieses Doodle keine Bedeutung. Doch Google ist es mit dem Doodle gelungen, das bewusst einfach gehaltene Layout und die simple Usability mit einem unterhaltsamen Element zu kombinieren, das die Marke seitdem prägt und vielen Nutzern Freude bereitet. Der Effekt: Sie besuchen die Google-Startseite häufig auch ohne besonderen Grund und kehren täglich darauf zurück, um sich unterhalten zu lassen.

Weitere Beispiele für erfolgreiches Gamification

Nicht nur Google hat erkannt, dass Gamification echten Mehrwert für Kunden und Unternehmen bringt. Auch andere nutzen diese Strategie zur Kundengewinnung und - bindung.

Nike

Nike sollte jedem als Hersteller von Sportartikeln ein Begriff sein. Doch das Unternehmen erkannte schnell, dass die Zukunft in interaktiven Anwendungen und technologischen Accessoires liegt. So entwickelte Nike das Nike+ Fitnessband. Dieses Fitnessarmband ist ein Allround-Talent in Sachen Fitness Scanning und Selbstüberwachung der körperlichen Fitness. Die entwickelte App ist leicht in ihrer

Anwendung und bietet den Kunden viele Möglichkeiten. So kann nicht nur die eigene körperliche Fitness überwacht und regelmäßiges Workout getrackt werden, sondern auch Ziele definiert und interaktive Trainingsanleitungen genutzt werden. Darüber hinaus bietet die Nike+ App die Möglichkeit, sich mit anderen Usern zu vernetzen. Im Zeitalter von Social Media eine clevere Idee – die Zahl der Nike-Kunden schoss in den darauffolgenden Jahren steil nach oben. Nike hat sich somit unlängst selbst neu erfunden.

Starbucks

Starbucks hat die Welt der Kaffeetrinker gehörig auf den Kopf gestellt und sich bereits bei seiner Marktetablierung als wirklich innovatives Unternehmen erwiesen, das sich von herkömmlichen Cafés deutlich abhob.

Doch Starbucks ruhst sich keinesfalls auf seinen Erfolg aus, sondern lässt auch weiterhin viel Raum für Innovationen. So entstand die „My Starbucks"-Prämien App. Das Prinzip ist so einfach wie genial. Starbucks Kunden können sich eine ansprechend animierte App herunterladen. Hier erreichen sie dank regelmäßiger Starbucks-Besuche und entsprechender Käufe immer aufsteigende Levels. Die Loyalität der Kunden wird also auf spielerische Weise belohnt. Gleichzeitig erhalten Kunden für vollendete Level in der App reale Benefits: Gratis-Kaffees oder personalisierte Produkte. Durch die perfekte Vernetzung von realen Filial-Besuchen, Einkäufen und virtuellem Game wird eine bessere Identifikation der Kunden mit dem Unternehmen erreicht und die Kundenbindung gestärkt. Und das mit großem Erfolg. Mittlerweile ist Starbucks sogar so selbstbewusst und ist in den italienischen Markt eingestiegen um die Espressoliebenden Italiener zu Starbucks-To-Go-Kaffee-Liebhabern umzupolen.

McDonalds

Seit Jahren schon feiert McDonalds mit seinem Monopoly-Spiel große Erfolge. Auch diesem Game liegt eine sehr simple Idee zugrunde. Innerhalb bestimmter Zeiträume sind McDonalds-Produkte mit Monopoly-Aufkleber ausgestattet. Diese sind mit aus dem Brettspiel bekannten Straßen und Symbolen ausgestattet. Je nachdem, was sich unter der zugeklebten Oberfläche befindet, können Kunden Preise gewinnen. Kleine Preise wie Gratis Produkte sind häufig. Sie kosten das Unternehmen wenig, führen jedoch dazu, dass Kunden in kürzester Zeit wiederkommen, um ihren Gewinn einzulösen. Wer ein Gratis-Getränk gewonnen hat, wird in der Regel auch etwas dazu essen. Die Ausgabe des Gewinns bedeutet also gleichzeitig neue Einnahmen. Zudem winken durch sammeln bestimmter Farbgruppen große Preise wie Reisen, Bargeld oder Autos. Auf der Jagd nach den großen Gewinnen neigen Kunden innerhalb des Aktionszeitraumes ebenfalls dazu, häufiger als sonst eine McDonalds-Filiale aufzusuchen.

Viele Familien warten jedes Jahr gespannt darauf, beim nächsten McDonalds Monopoly mitzumachen!

Coca Cola

In Japan erfreuen sich Millionen Menschen an dem Coca Cola Shake it Game. Auch hier liegt ein sehr einfaches Prinzip dem Erfolg zugrunde. Um teilzunehmen, können sich User eine kostenlose App des Unternehmens auf ihr Smartphone herunterladen. Zu bestimmten Zeiten heißt es nun fernsehzuschauen und bei der Ausstrahlung des entsprechenden Clips das Handy zu schütteln. Als Überraschung gibt es dann Preise von Partnern des Unternehmens zu gewinnen. Das Spiel kostet den User nichts. Was ihn dazu bringt, immer wieder mitzumachen, ist die natürliche Neugier auf den zu erwartenden Preis. Coca Cola demonstriert damit eindrucksvoll seine Unternehmensphilosophie: Spaß am Leben zu haben.

Magnum

Magnum, hierzulande für die diversen Eisprodukte bekannt, hat die Magnum Schatzsuche entwickelt. Dabei handelt es sich um ein Online Game, das nach dem Super Mario-Prinzip funktioniert. Die User müssen in einer virtuellen Welt nach Schätzen jagen. Das Spiel bringt unendlich viel Spaß. Am Ende werden die User immer wieder auf die Homepage des Unternehmens weitergeleitet.

Das Game bietet für Magnum zwei Vorteile: Zum einen stellt es eine perfekte Möglichkeit dar, breitflächige Werbung zu betreiben. Zum zweiten können innerhalb des Spiels Banner der Werbepartner untergebracht werden. Zwei Fliegen werden also mit einer Klappe geschlagen, die jedoch darüber hinaus allen Kunden viel Spaß bringt.

SEAT

In Italien konnte der Automobilhersteller SEAT mit einer ähnlichen virtuellen Schatzsuche die eigene Marke enorm stärken. Dieses Online Game basiert auf einer Community, die sich online auf Schatzsuche begibt. In verschiedenen Quizaufgaben müssen sich die User beweisen. Dem glücklichen Sieger winken 1000 Euro.

Die Beteiligung war enorm. Nicht nur der Preis war attraktiv. Die User hatten auch Freude daran, die Aufgaben zu lösen und sich im Team mit anderen zu vernutzen. Der Benefit für SEAT liegt auf der Hand. Das Unternehmen konnte die Popularität der Marke SEAT enorm steigern und das Image der Marke stärken.

Samsung

„Alls eyes on S4" lautete der Name eines äußerst unterhaltsamen Social Media Experiments der Firma Samsung. Online wurden User zu einer Challange aufgefordert. Sie waren dazu aufgerufen, für einen bestimmten Zeitraum die Augen starr auf das neue Samsung Modell S4 zu richten, ganz gleich, welche Ablenkung von außen auftauchte.

Unzählige Menschen machten mit. Das liegt daran, dass Challenges ungemein populär sind und sich generell im Netz großer Aufmerksamkeit erfreuen. Dazu kam die Neugier, was wohl passieren würde, wenn der Zeitraum verstrichen war. Die Samsung-Challenge wurde regelrecht berühmt. Das

Unternehmen steigerte damit die eigene Popularität. Nicht nur die User wurden magisch von der Herausforderung angezogen, sondern auch zahlreiche Zuschauer, die sich regelmäßig um die Teilnehmer während ihres Online Experiments scharten.

Im Hinblick auf das Branding und den Produkterfolg für das Samsung S4 ist dem koreanischen Handyhersteller ein enormer Coup gelungen.

Heineken

Die niederländische Brauerei ist Profi in Sachen Marketing und Innovation. Als Sponsor der Fußball Champions League hat das Unternehmen eine App entwickelt, die es den Fans erlaubt, im Laufe der Champions League Spiele interaktiv am Geschehen teilzunehmen. So können User voten und raten, etwa, ob der folgende Elfmeter rein geht oder wie das getippte Endergebnis aussieht. Den Usern bringt die App Spaß und ein Wir-Gefühl mit anderen Heinecken-Trinkern – dem Unternehmen maximale Aufmerksamkeit und die Wahrnehmung, dass das Unternehmen als offizieller Sponsor wirklich präsent ist.

Steam

Bei Steam handelt es sich um eine populäre Gaming-Software-Plattform. Es werden dabei Computerspiele direkt online gekauft. Als besonderes Gimmick hat sich Steam Sammelkarten ausgedacht, die die User durch das Spielen ihrer Lieblingsgames erhalten können. Die Sammelleidenschaft führt zu einer gesteigerten Nutzung der Plattform, bringt also exakt den gewünschten Erfolg. Dieser wird noch dadurch gesteigert, dass Steam es den Usern auf einem sozialen Netzwerk erlaubt, auch untereinander in Interaktion zu treten und die Karten auszutauschen. Die Kombination aus echtem Mehrwert für User, Sammelspaß und sozialer Interaktion steigert die Popularität des Unternehmens und sorgt für eine enge Kundenbindung.

4Food

4Food ist eine Fast-Food-Kette, die eine innovative Idee hatte. Sie kreierte eine Plattform, auf der User Sandwiches designen und mit anderen teilen können. Man stelle sich diese Plattform also wie eine Art Instagram vor, auf der jeder Sandwich-Liebhaber seine persönliche Sandwich-Erfindung hochladen und mit anderen teilen kann. Natürlich werden die Kreationen von den anderen Usern bewertet. Dazu werden in einem Top Ranking die beliebtesten Sandwiches entsprechend prämiert. Das Projekt nennt sich „4Foods Good 4 All".

Auch hier bietet sich ein hervorragendes Beispiel, wie perfektes Marketing durch Gamification funktionieren kann und wie sehr sich User dadurch mit der Marke identifizieren.

Victoria's Secret

Auch der populäre Unterwäsche-Hersteller ist ein echter Marketing-Profi. Das beweisen nicht nur die legendär gewordenen jährlich stattfindenden Shows. Victoria's Secret hat außerdem folgerichtig erkannt, dass es wichtig ist, auch mit der jüngeren Zielgruppe in Kontakt zu kommen. Dazu hat das Label eine Unterwäschekollektion entwickelt, die sich speziell an junge Mädchen richtet. PINK ist der Name dieser Kollektion. Doch damit nicht genug: Passend dazu bietet Victoria's Secret den jungen Kundinnen die PINK Nation App. Hier können die Mädchen spielen und an virtuellen Contests teilnehmen. Dafür gibt es Rewards und Preise. Der Ansporn wird dadurch umso größer. Dies hat auch bei jüngeren Verbrauchern die Popularität des Labels enorm gesteigert.

Bonobos

Dass Gewinnspiele hervorragende Werbemaßnahmen darstellen, ist ein alter Hut. Doch die Herausforderung des digitalen Zeitalters ist es, Gewinnspiele zu kreieren, die online funktionieren und den Usern echte Unterhaltung bieten. Im besten Fall werden aus Gamern zahlende Kunden, dann hat das Unternehmen alles richtig gemacht. Bonobos, ein Online-Händler für Herrenbekleidung hat hieraus eine geniale Challenge entwickelt. Kunden können täglich an einem Suchspiel teilnehmen. Auf den Unternehmensseiten sind diverse Bilder versteckt, welche die User finden müssen. Die ersten 50 Kunden, die alle Bilder entdecken konnten, werden mit einem Gutschein belohnt.

Diese Taktik funktioniert auf allen Ebenen. Bonobos gelingt es, den Bekanntheitsgrad der Marke zu steigern. Die Kunden sind gezwungen, sich auf der Suche nach den Bildern, durch die gesamte Webseite des Unternehmens zu klicken. Damit wird die ständige Fragestellung gelöst, wie User dazu animiert werden können, nicht nur auf die Startseite zu gehen und dann weiter zu surfen. Zudem handelt es bei den zu suchenden Bildern selbstverständlich um Produktabbildungen. Die Werbung für die eigenen Produkte ist somit gleich mit abgedeckt. Die Jagd nach den Bildern und der potenzielle Gewinn verleiten die User dazu, täglich wieder zurück auf die Seite zu kommen. Durch das Game wird also nicht nur die Popularität der Marke gesteigert, sondern auch die Identifikation mit dem Label. Zum guten Schluss werden die Gewinner der Gutscheine zu Kunden. In der Regel kaufen sie später zu einem höheren Preis ein als der Gutschein abdeckt. Es ist also ein skalierbarer Gewinn zu verzeichnen.

Gilt

Bei Gilt handelt es sich um einen Online-Händler, der reine Luxusartikel zu gehobenen Preisen anbietet. Beim Gilt Loyality Programm erfolgt Kundenbindung und Identifikation mit dem Unternehmen in besonderer Weise. Regelmäßig bietet Gilt dazu exklusive VIP Online Shopping Aktionen an. Das bedeutet, Kunden können zu bestimmten, vorher angekündigten Zeiten, exklusive zu außergewöhnlichen Preisen shoppen oder ausschließlich in diesem Zeitraum bestimmte Produkte erwerben. Das Bedürfnis nach Exklusivität, nach einer besonderen VIP Erfahrung, also etwas geboten zu bekommen, was nicht jeder nutzen kann, führt dazu, dass das Unternehmen einen enormen Erfolg mit dieser Strategie feiern kann.

Microsoft

Microsoft hat vor einigen Jahren überall dort, wo Microsoft Produkte vertrieben werden, Ecken eingerichtet, in denen große Displays die Aufmerksamkeit der Laufkundschaft auf sich ziehen. Hier können Kunden interaktiv tätig werden. Auf den Displays werden Fragen beantwortet,

Produktpräsentationen vorgenommen und vor allen Dingen Games präsentiert. Das Ganze ist so ansprechend gestaltet, dass sich vor den Bildschirmen regelmäßig Gruppen bilden, die sich durch die Displays und den dargestellten Aktionen bestens unterhalten fühlen. Damit wird Microsoft besser ins Unterbewusstsein verankert. Kunden, die ansonsten einfach vorbeigelaufen wären, kommen unmittelbar mit der Marke und den Produkten in Kontakt und setzen sich damit auseinander. Besser kann Werbung kaum funktionieren.

M&M's

Auf dem Süßigkeiten-Markt ist die Marke M&M's derart etabliert, dass man annehmen könnte, sie bräuchte keine zusätzliche Werbung. Aber auch dieses Unternehmen weiß, dass Innovation wichtig ist. Vor einigen Jahren brachte M&M's ein neues Produkt heraus, das einen neuen Brezel-Geschmack besaß. Um dieses neue Produkt entsprechend zu promoten, entwickelte M&M's kurzerhand das Eye Spy Game. Das Prinzip ist sehr simple: Auf der Facebook-Seite des Unternehmens wurde eine Art Wimmelbild veröffentlicht, dass bunte M&M's Dragees zeigt. Die Aufgabe an die User lautete: Finde den kleinen Bretzel-Kerl, der sich irgendwo zwischen all den Süßigkeiten befindet. Das kleine Spiel schlug ein: Innerhalb kürzester Zeit generierte das „Eye-Spy Pretzel"-Game mehr als 25.000 Likes, wurde mehr als 6.000mal geteilt und erhielt rund 10.000 Kommentare.

Dieses Beispiel zeigt nicht nur, wie erfolgreich Gamification sein kann, sondern auch, wie gut das Prinzip Simplicity im Marketing greift: Die Entwicklung des Eye Spy Games war absolut simple und wenig kostenaufwändig. Der Gewinn jedoch enorm.

Target

Was macht ein Spielzeughändler, um speziell an Feiertagen den Umsatz zu steigern? Wer auf klassische Printwerbung wie Flyer und Prospekte setzt, hat gegen Internet-Riesen wie Amazon, die im Allgemeinen günstigste Preise bieten, wenig Chancen. Das Unternehmen Target ließ sich jedoch eine geniale Idee einfallen: die Target's Wish List.
Hierbei handelt es sich nicht um eine virtuelle Wunschliste, so etwas bietet Amazon bereits seit längerer Zeit. Vielmehr ist die Target's Wish List eine ansprechend gestaltete spielerische App für Kinder. Diese kann kostenlos geladen werden. Die Kinder haben dabei sehr viel Spaß, sich in einer virtuellen Santa Claus-Welt zu bewegen. Dabei können sie Produkte, die sie sich wünschen, per Drag&Drop ganz leicht auf ihre virtuelle Wunschliste ziehen und diese dann an Santa Claus senden.

Nicht nur, dass diese App einen enormen Unterhaltungswert für die Kinder hat, auch Eltern bietet sie einen echten Mehrwert. Sie können auf die Wunschliste zugreifen und die Produkte direkt ganz bequem bestellen. Auch dies ist ein Beispiel für die perfekte Kombination aus Simplicity und Gamification. Die Einführung dieser App war ein voller Erfolg. Schätzungsweise 75.000 Downloads der App konnte das Unternehmen verzeichnen. In der Weihnachtszeit waren mehr als 100.000 Wunschlisten online, auf denen insgesamt 1,7 Millionen Produkte auf Käufer warteten. Dies bedeutet einen potenziellen Umsatz von 92,3 Millionen US-Dollar.

Ebay

ebay ist ein Vorreiter des Gamification und bereits derart auf dem Markt etabliert, dass wir dies kaum mehr wahrnehmen. Doch tatsächlich hat ebay bereits vor vielen Jahren spielen zum Erfolgsrezept werden lassen. Den Kunden geht es selten darum, Artikel zum günstigsten Preis zu erhalten. Was ebay bekannt und erfolgreich machte, ist die Freude am „Zocken". Menschen erleben regelrechte Adrenalinschübe beim Ersteigern eines Artikels. Es gilt zu bieten, andere zu überbieten, zu gewinnen und manchmal auch zu verlieren. Nicht selten werden dabei Artikel erworben, die der Kunde eigentlich gar nicht haben wollte. Damit ist ebay nicht nur ein reiner Vermittler zwischen Verkäufer und Käufer, sondern ein echter Profi in Sachen Gamification.

Sie sehen: Auch große Marken wie Coca Cola, Nike, McDonalds oder M&M's ruhen sich nicht auf ihren Erfolgen aus, sondern zeigen sich stets offen für Innovationen und immer neuen Eroberungen des Marktes. Nur aus diesem Grund sind diese Unternehmen auch nach Jahrzehnten noch ganz oben auf der Erfolgsliste.

Wie kann Gamification auch für Sie zum Erfolgsrezept werden?

Machen Sie sich Gedanken darüber, wie Sie Ihre Produkte mittels Gamification optimal bewerben können. Wie ist eine Produktpräsentation mit Unterhaltung vereinbar? Wie können Sie Ihren Kunden die Möglichkeit bieten, die

Produkte und Dienstleistungen Ihres Unternehmens als Erlebnis wahrzunehmen? Vergessen Sie dabei nicht: Simple Produkte und Dienstleistungen, verbunden mit Gamification werden die Zukunft gestalten.

Wie in diesem Buch beschrieben ist es das Wichtigste überhaupt, die Aufmerksamkeit der Kunden zu erreichen. Dies gelingt durch simple Produkte und Botschaften. Mit spielerischen Elementen können Sie die Aufmerksamkeit weiterhin aufrechterhalten und Kundenbindung erreichen.

Gamification ist keine Zauberei! Oftmals funktionieren selbst einfachste Entwicklungen. Wenn dann diese spielerischen Elemente richtig eingesetzt werden, dann führen Sie Ihr Produkt und damit auch Ihre Marke zum Erfolg!

Learning aus Kapital 5: Nur was Spaß macht funktioniert. Wir leben in einer Zeit in der wir ständig von Reizen umgeben sind. Unser Gehirn lässt sich nur auf Neues ein, wenn es auch Spaß macht. Unsere Kunden, Mitarbeiter und alle anderen Stakeholder wollen von uns unterhalten werden, dann werden sie uns lieben!

SIMPLICITY – JETZT ANWENDEN!

Es freut mich, dass Sie es geschafft haben dieses kurze Buch bis zum Ende zu lesen. Jetzt geht es um das wichtigste an der ganzen Sache: **die Umsetzung!**

Ich baue darauf, dass Sie einige der Beispiele in diesem Buch zum Nachdenken gebracht haben und Ihnen die ein oder andere Idee durch den Kopf geschossen ist, wie Sie konkret die Konzepte Simplicity und Gamification einsetzen können, um Kunden zu gewinnen, zu binden und glücklich zu machen. Leider haben Sie den schwierigsten Teil noch vor sich, nämlich **die Umsetzung!**

Aktuelle Studien zeigen, dass wenn wir uns etwas vornehmen und nicht innerhalb der ersten 48 Stunden nach dem Vorsatz eine konkrete Aktion unternehmen, um diesen **umzusetzen,** dann wird aus diesem tollen Vorsatz höchstwahrscheinlich niemals eine konkrete Aktion.

Beim Schreiben dieses Buches ging es mir ähnlich, schon seit fast 2 Jahren sammle ich Beispiele und Erfahrungen und schreibe diese auf. Mein Vorsatz war von Anfang an ein Buch daraus zu machen. Als es im März 2020 zum Coronavirus bedingten Lockdown kam war die Zeit dafür endlich gekommen! Denkste... Jedes Wochenende Zuhause kam mir der Gedanke „Du hast ja noch genügend Zeit in dieser Lockdown-Phase" und ich habe es nicht geschafft anzufangen. Als ich aber 2 Wochen, nach Ende des Lockdowns meine Notizen nochmal durchgeblättert habe kam mir die 48-Stunden Studie in den Sinn. Ich habe also meinen Computer gepackt und losgeschrieben.

Siehe da, jetzt ist mein erstes Buch bei Amazon erhältlich! Machen Sie es also auch so: Setzen Sie Ihre Ideen um, sonst wird leider nichts draus.

Wahrscheinlich gibt es im Buch noch Rechtschreibfehler, die Syntax ist noch nicht perfekt oder mir ist der ein oder andere Zahlendreher. Diese werde ich aber ganz nach dem Trial-and-Error Prinzip in einer möglichen zweiten Auflage korrigieren.

Ihr

Michael   Frei